MI ECONOMÍA A
LA LUZ DE DIOS

MI ECONOMÍA A LA LUZ DE DIOS

LUIS GUILLERMO VÉLEZ TORO

Número de Control de la Biblioteca del
Congreso de EE. UU.:   2012921673
ISBN: Tapa Dura   978-1-4633-4286-9
                 Tapa Blanda   978-1-4633-4285-2
                 Libro Electrónico   978-1-4633-4284-5

Este libro fue impreso en los Estados Unidos de América.

Fecha de revisión: 29/05/2013

Para realizar pedidos de este libro, contacte con:
Palibrio
1663 Liberty Drive
Suite 200
Bloomington, IN 47403
Gratis desde EE. UU. al 877.407.5847
Gratis desde México al 01.800.288.2243
Gratis desde España al 900.866.949
Desde otro país al +1.812.671.9757
Fax: 01.812.355.1576
ventas@palibrio.com
430791

ÍNDICE

ORACIÓN

Padre amoroso y bueno, con gran humildad, mucha Fe y reconociendo mis errores del pasado, me presento ante tí, por que quiero reparar todas mis ofensas cometidas a un Padre tan bueno. También quiero poner mi vida en tus divinas manos y especialmente mi economía. Bendíceme con riqueza espiritual, prosperidad y abundancia material; Enséñame a disfrutarla sanamente y a saber compartirla de manera generosa con mi prójimo. Amén.

AGRADECIMIENTO

Agradezco a Dios por haberme dado la oportunidad y la sabiduría para escribir este libro que sin duda alguna será de beneficio para tí. Le ruego al Señor, para que te ayude a hacer los cambios necesarios en tu vida espiritual y de esta manera puedas tener una vida plena en el Señor.

Dios, te pido que derrames tu gracia y tu bendición sobre cada lector y llena estas líneas con tu Santo Espíritu, para nuestro bien y para tu gloria.

Agradezco a todas aquellas personas que me ayudaron con su experiencia, conocimiento y sabiduría en la elaboración de este valioso libro, el cual tiene un gran sabor espiritual.

Destaco la colaboración de mi padre, Jairo Vélez, de mi mamá, María Elena Toro y de mis compañeros del ministerio Crown, Mercedes Cáceres y Francisco Duque, quienes aportaron con su conocimiento para la elaboración del libro. Y de una forma especial el apoyo y la dirección de mi director espiritual, el padre Vidal Arboleda. No quisiera dejar sin mención a mi esposa Verónica Ramírez quien me apoya incondicionalmente y a mis hijos Valentina, Laura y Nicolás, a quienes amo profundamente.

Realmente son muchas las personas a quienes debo agradecer y algunos de ellos son, mis compañeros del ministerio de Emaus, a los miembros del ministerio Crown, al grupo de Proclamadores de la Palabra y a todos los sacerdotes de nuestra parroquia, Holly Cross y en general a todos mis amigos.

PRÓLOGO

Le ruego al Señor que toda persona que lea este libro, crezca en amor de Dios y que este amor te ayude a ser un verdadero cristiano, una mejor persona en tu familia, en tu trabajo, en tu Iglesia, en tu comunidad y en general para la sociedad. Todos unidos en el nombre de Jesús podremos construir un mundo mejor.

La economía mundial está pasando por una gran recesión o crisis, generando un resultado desastroso para millones de seres humanos. Es creciente el número de familias y de personas que cada día tienen menos capacidad de conseguir lo necesario para su existencia.

Las riquezas mundiales las están acaparando un pequeño número de personas o de grupos económicos, generando un gran desequilibrio mundial. Esto no es agradable a Dios y todo pareciera estar en contravía con las enseñanzas del Evangelio.

La economía es un tema de gran importancia a nivel mundial, a nivel de cada nación, de cada empresa o compañía y lo más importante, a nivel familiar.

Debido al desconocimiento del ser humano, respecto al querer de Dios con relación a nuestra economía, están sucediendo grandes males familiares, sociales y gubernamentales.

Miles de familias están perdiendo el control total de su economía, trayendo como consecuencia: divisiones, peleas, desasosiego, falta de Fe, angustia, depresión e incluso suicidios. En fin, falta de paz a todos los niveles y lo mas importante, falta de armonía con el Orden Divino. Es en realidad, este, el tema que me concentro en recrear durante los capítulos de este libro, "MI ECONOMÍA A LA LUZ DE DIOS"

Yo disfruto de pasar largos ratos de mi vida en compañía de Jesús Eucaristía (en adoración Eucarística), conversando con El y aprendiendo tantas cosas que solamente se pueden aprender, en la intimidad con Dios. En estos momentos de alegre compartir, le he pedido por la economía mundial, por la economía de tantas personas conocidas que tienen dificultades financieras, por la economía de mis familiares y amigos y por la mía propia.

Mi Dios me ha dado a entender que tener una buena economía es una Bendición del Señor y no el resultado ocasional de nuestras actividades y esfuerzos. Es Dios y su bendición la que nos garantiza una Buena estabilidad financiera. Claro no podemos olvidar el refrán, "A Dios rogando y con el mazo dando".

Por este motivo nuestra vida no puede estar compuesta por temas separados como, formación, familia, trabajo, iglesia, espiritualidad, economía, recreación etc. Nuestra vida es un conjunto de actividades y vivencias que tienen que ser vividas de una forma integral y en torno a nuestra espiritualidad y el centro de nuestra vida, tiene que ser Dios. De una forma concreta, tenemos que vivir unidos a Jesús, presente en la Divina Eucaristía.

Pues bien, si estamos hablando de economía, también tu economía tiene que estar centrada en tu relación con Dios. Por el contrario, no puedes conducir tu espiritualidad acorde al querer de Dios y tu economía, según el querer del mundo. Solo puedes servir a un Señor.

Por tales motivos he querido desarrollar el presente estudio, sobre este desconocido tema: "MI ECONOMÍA A LA LUZ DE DIOS".

Por testimonio de muchas personas, este es el camino más seguro para tener unas finanzas fuertes y estables, ya que es más que lógico, pues tiene la bendición de Dios.

Todas las fuentes de información son muy claras en referir las promesas que Dios nos hace en su palabra, por eso estas enseñanzas, citan las promesas Bíblicas y de una manera agradable, busco explicarlas y mostrar la forma de llevarlas a la vida diaria, para que tu puedas vivir... "MI ECONOMÍA A LA LUZ DE DIOS".

Recomiendo a todas las personas que lean este valioso libro, que lo conviertan en una forma de vida y de cada cita bíblica, hagan una vivencia para su realidad cotidiana.

NOTA ACLARATORIA

Esta enseñanza está basada en diferentes documentos y libros de formación católica, pero repito, tal literatura proviene de una sola fuente, la Palabra de Dios en las Sagradas Escrituras (Biblia).

Debo anotar que estas enseñanzas tienen un claro fundamento Bíblico y no promueven intención alguna de parte de la jerarquía de nuestra Iglesia Católica. Hago esta claridad para dejar en limpio la sana intención de la Iglesia y de su jerarquía. Destaco mi respeto profundo a la Iglesia de Dios y a sus jerarcas. No he sido enviado por ningún miembro de la Iglesia para promover recaudación de fondos o de diezmos. Este tema lo he desarrollado por inspiración del Espíritu Santo y en respuesta a la gran necesidad material de tantos miembros de mi comunidad, de esta nación y del mundo entero.

Esta aclaración la hago para evitar las malas intenciones que se pudieran presentar como respuesta al sano propósito de esta enseñanza. Es el dinero un tema de grandes controversias, envidias y peleas.

Creo que un buen hijo de Dios no debe pasar necesidades materiales, por que su situación económica tiene que ser consecuencia de su fe, de su amor y de su servicio a Dios. Una cercana relación con Dios, debe producir, una sana

economía familiar y una vida de satisfacción, paz y felicidad. ¿Cómo esta tu situación económica?

Dado el caso que tu economía se encuentre afectada parcialmente o arruinada en su totalidad, el camino mas rápido para restablecer tus finanzas es poner tu vida en orden con Dios. Busca toda tu vida con afán, vivir en armonía con el orden Divino.

El primer paso que debo dar para conocer la realidad de, como esta "MI ECONOMÍA A LA LUZ DE DIOS", es hacer un buen examen de conciencia personal y proseguir a hacer una muy buena confesión general de todos mis pecados. Este será un muy buen punto de partida y un camino seguro.

El siguiente formato te ayudara a establecer con claridad, como esta realmente tu relación con Dios.

EVALUACIÓN DE MI RELACIÓN CON DIOS

	VIVENCIAS SEGÚN EL PLAN DE DIOS	VIVENCIAS SEGÚN MIS PASIONES
INGRESOS	GANO EL DINERO FACILMENTE COMO UN REGALO DE DIOS	HAGO MUCHO ESFUERZO PARA GANAR EL SUSTENTO
	RECONOZCO QUE TODO ABSOLUTAMENTE TODO ES DE DIOS	SOY UN ESCLAVO DE EL DINERO Y ESTE ME DOMINA
	DOY GRACIAS A DIOS POR TODO LO QUE ME PROVEE	NO DESCANSO DE TRABAJAR, VIVO CON ESTRES
	TENGO FE QUE DIOS ME LO PROVEE TODO, SIEMPRE	SIENTO INCERTIDUMBRE POR EL FUTURO, NO LE RUEGO A DIOS
	MI ECONOMIA ME PRODUCE PAZ, FELICIDAD Y CONTENTO	NUNCA DISFRUTO DE LO GANADO, SOY ESCLAVO DE LOS BIENES, NO SIENTO PAZ

TRABAJO	DISFRUTO MI TRABAJO ES UNA BENDICIÓN Y ME SANTIFICO POR MEDIO DE EL	NO ESTOY CONTENTO EN MI TRABAJO, ME SIENTO POCA COSA
	TRABAJO CON FELICIDAD	TENGO PRESIÓN, PELEAS Y PROBLEMAS, ME SIENTO ENFERMO, ESCLAVO, ABURRIDO
	ENCUENTRO A DIOS EN MI TRABAJO	SIENTO INESTABILIDAD, INSEGURIDAD, TEMOR
	MI TRABAJO ME PRODUCE PAZ Y ARMONIA	EL TABAJO ME PRODUCE ESTRÉS, NO DESEO IR A TRABAJAR
	DOY MUCHAS GRACIAS A DIOS POR MI TRABAJO	NUNCA LE PIDO A DIOS NI LE DOY GRACIAS
GASTOS	GASTO TRANQUILAMENTE	CUANDO GASTO SUFRO Y SIENTO FALTA DE PAZ
	COMPARTO CON AMOR, SOY DESAPEGADO	PIENSO QUE SE ME VA A ACABAR EL DINERO
	NO ME PREOCUPA QUEDAR SIN NADA	VIVO ENCADENADO A MIS BIENES Y DEUDAS
	SOY ORDENADO (A) EN LOS GASTOS	SOLO GASTO EN MIS PASIONES, SOY IRRESPONSABLE
	TENGO UN PRESUPUESTO ORGANIZADO	TENGO UN DESORDEN TOTAL EN MIS CUENTAS PERSONALES

SENTIMIENTOS	SE QUE DIOS TODO ME LO PROVEE, MI FE EN DIOS ES SUFICIENTE	ME DA ENVIDIA DE MI PRÓJIMO Y DE SU BIENESTAR, A VECES ODIO
	PRIMERO ES DIOS, MI FAMILIA Y MI PRÓJIMO	PRIMERO EL DINERO, LUEGO YO Y TODAS MIS PASIONES
	VIVO DESAPEGADO Y LIBRE DEL DINERO	DESEO EL MAL DEL PRÓJIMO Y DE MIS PATRONOS
	ME ALEGRO CON EL BIEN AJENO Y ORO POR LOS DEMAS	SOY AMBICIOSO Y EGOISTA, A VECES ROBO. SI NO LO OBTENGO, LO DESTRUYO
	AGRADEZCO A DIOS, A MI FAMILIA Y A MIS PATRONES	FRECUENTEMENTE CAMBIO MIS VALORES POR DINERO, SIEMPRE MIENTO
	SOY HONESTO Y NUNCA TOMO LO AJENO. VIVO LA VERDAD	AL PRÓJIMO LO VALORO POR EL BENEFICIO QUE ME PUEDA BRINDAR Y POR LO QUE TENGA
COMPARTIR	DOY CON ALEGRÍA Y SIN INTERES	LO QUE TENGO ES SOLO PARA MI Y PARA LOS MIOS
	ME GUSTA DAR GENEROSAMENTE	ME DA MAL GENIO QUE ME PIDAN
	NO ME PREOCUPA QUEDAR SIN NADA	DOY SOLAMENTE LO QUE ME SOBRA, (US$1)
	PIENSO EN LOS NECESITADOS	CUANDO DOY LO HAGO POR INTERÉS
	SOY AGRADECIDO CON DIOS Y CON LOS MIOS	NUNCA ME ACUERDO DEL HERMANO NECESITADO, ESE ES SU PROBLEMA

DIEZMOS	DOY MÍNIMO EL 10% DE LO QUE GANO, PARA LA IGLESIA DE DIOS	ME DA RABIA DARLE EL DINERO AL CURA PARA QUE SE LO GASTE EN…
	SIENTO PAZ Y CONTENTO AL DIEZMAR Y CONFÍO QUE EL PADRE LE DARÁ UN BUEN USO	CREO QUE SE VA USAR MAL MI DONACIÓN
	RECONOZCO QUE DIOS TODO ME LO HA DADO Y A EL, LE PERTENECE EL DIEZMO	CRITICO A LA IGLESIA Y AL CURA PARA NO DARLE
	ES MI PRINCIPAL COMPROMISO FINANCIERO	SOY DE AQUELLOS QUE DAN SOLAMENTE UN DOLAR (US$1) CADA DOMINGO
	NO ME PREOCUPO EN QUEDARME CORTO DE $, SE QUE DIOS ME DARA MUCHO MÁS	DOY MUY POCO (US$1) Y CREO QUE ES DEMASIADO, PIENSO QUE SE ME FUE LA MANO
DIVERSION	DESCANSO COMPARTIENDO EN FAMILIA	MALGASTO EN VICIOS Y PASIONES
	NOS RECREAMOS SANAMENTE	ME DIVIERTO SOLO O CON AMIGOTES
	SOY CONSIENTE AL GASTAR	VOY A LUGARES INDECENTES O PECAMINOSOS
	PIENSO EN EL PROJIMO Y LE AYUDO GENEROSAMENTE	SOLO PIENSO EN MI Y MIS DELEITES
	ME GUSTA COMPARTIR CON GENTE SANA	NO ME GUSTA QUE ME PREGUNTEN: ¿QUÉ HACIAS? O ¿DÓNDE ESTABAS?

AHORRO	GUARDO UNA RESERVA PARA NUESTRO FUTURO	AHORRO PARA MI SOBERBIA Y MIS PASIONES
	PIENSO EN LOS DEMÁS Y LES AYUDO	SOLO PIENSO EN MI, LOS OTROS NO ME IMPORTAN
	TENIENDO AHORROS VIVO DESAPEGADO	SOY ESCLAVO DE MIS AHORROS, NO DUERMO POR PROTEJERLOS
	NO ME ESCLAVIZO DE LOS BIENES NI DEL DINERO	SUFRO PENSANDO QUE PASARA SI SE ME ACABAN
	SI SE ME ACABAN, SIGO CONFIANDO EN DIOS	CUANDO SE ME ACABAN, SE ME ACABA LA VIDA

RESULTADO: Si después de evaluarte encontraste que tu economía, el dinero, los diezmos, tu trabajo, tus gastos, tu diversión, tu ahorro y en general tu vida te produce contento, paz, felicidad, bienestar y sientes que Dios siempre esta a tu lado y además, a ti llega la prosperidad, esto quiere decir que tú estás viviendo "TU ECONOMÍA A ALA LUZ DE DIOS"

Por el contrario, si encuentras que tu economía no te trae alegría, paz y contento, esto quiere decir que es momento de orar, evaluar y corregir.

A partir de hoy invita a Dios a tu vida, pídele que te ayude a crecer espiritualmente y que te ayude a manejar tu economía, para que puedas vivir con honestidad estos principios morales y estos conceptos financieros.

Ponte en acción y ruégale a Dios, El te ayudara.

1. ¿PARA QUÉ CREÓ DIOS AL HOMBRE?

Dios creó al hombre Para que lo conozca, lo ame y le sirva acá en la tierra y luego vaya al cielo a alabarlo y a disfrutar de Él eternamente (Catecismo).

El ser humano solo podrá iniciar un proceso de crecimiento espiritual si conoce esta definición: "Para qué creó Dios al hombre". De esta manera, podremos determinar claramente la meta del cristiano y el camino a seguir para alcanzar tan deseada meta: El Cielo.

Nos dice el libro de la Sabiduría en el capítulo 2: 23 - 24. *Dios creó al hombre para que fuera incorruptible y lo hizo a imagen de su propia naturaleza, [24] pero por la envidia del demonio entró la muerte en el mundo, y los que pertenecen a él tienen que padecerla.*

Y el libro Génesis anota 1:26-27 [26] Dios dijo: "Hagamos al hombre a nuestra imagen, según nuestra semejanza; [27] Y Dios creó al hombre a su imagen; lo creó a imagen de Dios, los creó varón y mujer.

Dios en su infinito Amor quiso que fuéramos como El y así nos creo, puros, pero por la envidia del demonio perdimos esa participación, de la imagen Beatífica de Dios y de su Sabiduría.

Pero por su gracia, hoy te quiero decir que tenemos que estar alegres, porque con la vida, pasión, muerte y resurrección de nuestro Señor Jesucristo, podemos hoy participar de esos goces eternos nuevamente. Para que esto sea posible tenemos que conocer, amar y servir a Dios.

A Dios lo conocemos estudiando su palabra en la Biblia y por medio de la oración que es la comunicación con nuestro Padre amoroso, generoso y bueno. No lo podremos amar, si no lo conocemos. También para ser un buen católico tienes que estudiar y conocer el Catecismo de la Santa Madre Iglesia y la Sagrada Biblia.

Tu vida tiene que ser vivida en una relación, intima, personal y permanente con Dios, para que sea llena de amor y de propósitos de vida eterna.

Solamente en esa intimidad podrás amarlo sobre todas las cosas, como pide el 1er mandamiento de la ley de Dios. Y amando a Dios, nace en ti el deseo de servirle a El y de servir a tu prójimo. Esta, es la verdadera felicidad del ser humano y por ese servicio feliz y desinteresado, seremos recompensados en la vida eterna.

El fin que le espera al hombre o a la mujer que es fiel a Dios, es poder vivir en la divina presencia de nuestro Padre amoroso y disfrutar de El eternamente. Que así sea.

Dice el padre Peter: Nuestro destino final será vivir en la sección de fumadores o la de no fumadores. Y nos pregunta: ¿Dónde quieres tu vivir eternamente?

2. UNA VIDA EN ARMONÍA CON EL ORDEN DIVINO

El Orden Divino, es el plan que Dios estableció con su infinita sabiduría y bondad, al crear cada ser viviente y cada cosa en el universo, para su Divino propósito, en un perfecto plan de AMOR. Este orden está grabado en el corazón del hombre mediante el conocimiento del bien y del mal.

Génesis 1: [31] *Dios miró todo lo que había hecho, y vio que era muy bueno.*

Pero también entró el pecado en el mundo por la desobediencia de Adán y Eva y luego con el crimen de Caín.

Por eso en el antiguo testamento, Dios tuvo que darle a su pueblo por manos de Moisés, unas normas o reglas de vida, para que el hombre no se apartara más de Dios. Estas normas son llamadas las Tablas de la ley.

Cuando vivimos este plan de amor, vivimos en ARMONÍA CON EL ORDEN DIVINO.

- ✓ Vivir en gracia de Dios. (Confesión sacramental, frecuente)
- ✓ Cumplir sus Santos mandamientos.

- ✓ Vivir el amor y el perdón.
- ✓ Vivir La verdad y la justicia.
- ✓ Tener una vida con propósitos de vida eterna.
- ✓ Llevar una vida con control y dominio de sí mismo.
- ✓ Ser unos Católicos de Misa, de oración y de adoración.

Nos ensena Juan *3:1 Lo nacido de la carne, es carne; lo nacido del Espíritu, es espíritu.*

El hombre y la mujer deben vivir con los pies en el suelo, claro que si, pero con los ojos en el Cielo.

Pablo nos invita en la carta a los Gálatas *5:* [16] *Yo los exhorto a que se dejen conducir por el Espíritu de Dios, y así no serán arrastrados por los deseos de la carne.* [17] *Porque la carne desea contra el espíritu y el espíritu contra la carne. Ambos luchan entre sí, y por eso, ustedes no pueden hacer todo el bien que quieren.* [18] *Pero si están animados por el Espíritu, ya no están sometidos a la Ley.* [19] *Se sabe muy bien cuáles son las obras de la carne: fornicación, impureza y libertinaje,* [20] *idolatría y superstición, enemistades y peleas, rivalidades y violencias, ambiciones y discordias, sectarismos, disensiones* [21] *y envidias, ebriedades y orgías, y todos los excesos de esta naturaleza. Les vuelvo a repetir que los que hacen estas cosas no poseerán el Reino de Dios.* [22] *Por el contrario, el fruto del Espíritu es: amor, alegría y paz, magnanimidad, afabilidad, bondad y confianza,* [23] *mansedumbre y temperancia. Frente a estas cosas, la Ley está de más,* [24] *porque los que pertenecen a Cristo Jesús han crucificado la carne con sus pasiones y sus malos deseos.* [25] *Si vivimos animados por el Espíritu, dejémonos conducir también por él.* [26] *No busquemos la vanagloria, provocándonos los unos a los otros envidiándonos mutuamente.*

El ORDEN DIVINO debe ser nuestro plan de vida, para caminar por la senda del bien, el camino que nos lleva a Dios. En esta cita Bíblica está bien claro cuál es el camino que tenemos que seguir. Y tú, ¿como estas viviendo tu vida espiritual?

Cuando las necesidades del espíritu están acorde con el Espíritu de Dios, daremos frutos de Amor, Paz, Alegría y armonía con Dios. Esfuérzate por superar tus pasiones y servir a Dios como tantos Santos lo pudieron hacer, con esfuerzo, oración y dando un paso a la vez.

3. ¿QUÉ QUIERE DIOS PARA SUS HIJOS?

Dios en su infinito Amor y Sabiduría, sabe que la única felicidad eterna, se encuentra en la vida del espíritu. Es por esta razón que Dios no deja de buscar al hombre.

Según el Catecismo: *27 El deseo de Dios está inscrito en el corazón del hombre, porque el hombre ha sido creado por Dios y para Dios; y Dios no cesa de atraer al hombre hacia sí, y sólo en Dios encontrará el hombre la verdad y la dicha que no cesa de buscar.*

Dios es el Rey y Señor, Él es el todopoderoso y nosotros, somos los hijos del Rey por consiguiente, somos príncipes. Él no quiere que sus hijos, los príncipes, se comporten como mendigos y mucho menos que vivan en una forma miserable.

Dios quiere que sus hijos sean unos príncipes y espera que nos comportemos fieles y amorosos, quiere que lo tratemos como un Padre de amor. De Él vienen todos los beneficios, pues Él, todo lo posee. Por esto Dios quiere que lo busquemos y Él, que es bueno, nos lo dará todo.

Nos enseña el libro de Sabiduría 3: [1] *Las almas de los justos están en las manos de Dios, y no los afectará ningún tormento.*

A veces buscamos únicamente los beneficios de Dios, pero primero debemos buscar al Dueño de los beneficios. Es como querer salvarnos sin conocer a Dios y sin amarlo.

Es la inclinación del ser humano la búsqueda afanosa de la felicidad. Es frecuente y muy de moda pensar únicamente en las cosas materiales, en las cosas del mundo.

Ten presente esto, tu solamente podrás tener todo de Dios, cuando Dios lo tenga todo de ti.

4. LA DIVINA PROVIDENCIA

La Divina Providencia es el cuidado amoroso que tiene Dios padre para cada una de sus criaturas. El sabe de nuestras necesidades y Él generosamente las quiere proveer. Solamente nos pide que seamos sus hijos y que tengamos Fe y confianza en Él.

Busca el reino de Dios y su justicia... Y lo demás se os dará por añadidura. Así nos lo enseña el libro de los *Proverbios 10:22 La bendición del Señor es la que enriquece, y nada le añade nuestro esfuerzo.*

Es Dios y su bendición la que nos enriquece. Esta bendición nos trae el apoyo activo de Dios para nuestro bienestar e incluye nuestra salud, nuestra provisión, paz y felicidad. Si tu pides y recibes su bendición, esta te trae abundantes regalos de parte de Dios. Presupone un agradecimiento de nuestra parte.

Esto nos dice el Eclesiastés 2:24 Lo único bueno para el hombre es comer y beber, y pasarla bien en medio de su trabajo. Yo vi que también esto viene de la mano de Dios. [25] *Porque ¿quién podría comer o gozar si no es gracias a él?* [26] *Porque al que es de su agrado él le da sabiduría, ciencia y alegría; al pecador, en cambio, lo ocupa en amontonar y atesorar para dárselo al que agrada a Dios. También esto es vanidad y correr tras el viento.*

Cuando creemos plenamente en la palabra de Dios y entendemos que es poder para nosotros, entonces, hacemos vida sus promesas y llenamos nuestra existencia de Gracia y de Sabiduría Divina. Tu puedes bendecir tu vida y la de los que te rodean estudiando y viviendo su palabra. Ella es en esencia la fuerza de este libro.

Leemos en el Salmo 127 (126) Si el Señor no edifica la casa, en vano trabajan los albañiles; si el Señor no custodia la ciudad, en vano vigila el centinela. Es inútil que ustedes madruguen; es inútil que velen hasta muy tarde y se desvivan por ganar el pan: ¡Dios lo da a sus amigos mientras duermen!

Dios es el buen proveedor, porque todo lo que recibimos y poseemos ha salido de sus generosas manos. Sin su bendición, nada, absolutamente nada bueno podrás recibir y tendrás que redoblar tus esfuerzos para alcanzar lo necesario, porque su promesa es muy clara: *Dios le da a sus amigos mientras ellos duermen.*

Incluso muchas personas que ya tienen o han tenido muchos bienes, si Dios no los bendice, toda su fortuna se convierte en un puñado de poca cosa, útil para nada.

Siento una gran alegría en el alma al saber que podemos contar con Dios y confiar que su amorosa ayuda nos proporciona una vida de paz, alegría y contento en el Señor.

También nos cuenta en su palabra según la *Sabiduría 8: Se extiende poderosa su mano del uno al otro extremo, y lo gobierna todo con suavidad.*

Que dulzura al paladar son sus promesas y que alegría llega al corazón cuando sentimos la bendición de su mano protectora en nuestra vida.

San Mateo nos enseña en el capitulo *6:*[25] *Por eso les digo: No se inquieten por su vida, pensando qué van a comer, ni por su cuerpo, pensando con qué se van a vestir. ¿No vale acaso más la vida que la comida y el cuerpo más que el vestido?* [26] *Miren los pájaros del cielo: ellos no siembran ni cosechan, ni acumulan en graneros, y sin embargo, el Padre que está en el cielo los alimenta. ¿No valen ustedes acaso más que ellos?* [27] *¿Quién de ustedes, por mucho que se inquiete, puede añadir un solo instante al tiempo de su vida?* [28] *¿Y por qué se inquietan por el vestido? Miren los lirios del campo, cómo van creciendo sin fatigarse ni tejer.* [29] *Yo les aseguro que ni Salomón, en el esplendor de su gloria, se vistió como uno de ellos.* [30] *Si Dios viste así la hierba de los campos, que hoy existe y mañana será echada al fuego, ¡cuánto más hará por ustedes, hombres de poca fe!* [31] *No se inquieten entonces, diciendo: "¿Qué comeremos, qué beberemos, o con qué nos vestiremos?".* [32] *Son los paganos los que van detrás de estas cosas. El Padre que está en el cielo sabe bien que ustedes las necesitan.* [33] *Busquen primero el Reino y su justicia, y todo lo demás se les dará por añadidura.* [34] *No se inquieten por el día de mañana; el mañana se inquietará por sí mismo. A cada día le basta su aflicción.*

Confía en el Señor y en su palabra y Él te librara de la más grande preocupación del ser humano: ¿qué será de mi vida en el futuro?

La promesa del Señor es muy clara y es verdad, si tu pones tu confianza en su amorosa providencia, El te hará libre y te dara una vida de paz y felicidad.

Nos dice San Pedro en su primera carta, capitulo *5:7 Echad sobre El todos vuestros cuidados, puesto que cuida de vosotros.*

Dios, que provee de simiente al sembrador. Os dará también pan que comer y multiplicará vuestra sementera.

Reconozcamos a nuestro Padre amoroso como al proveedor de todo cuanto poseemos y recibimos, entonces El nos seguirá dando según su Divino parecer. Estemos seguros de poner toda nuestra confianza y nuestras esperanzas en el Padre bueno, generoso y amoroso.

5. LA FILIACIÓN DIVINA, UN REGALO DE SU AMOR

La Filiación Divina es un don o regalo de Dios, que nos permite sentirnos hijos amados, de nuestro Padre amoroso. Es la confianza de sentirnos protegidos por Dios y seguros que El velará, por cada uno de sus hijos. Tienes que poner también de tu parte y esto lo harás, buscando a Dios con mucho afán, como a tu único fin. **Cuanto más se apodera Dios de un alma más la santifica; y cuanto más santa sea, más feliz es.**

En la primera carta de Juan, capitulo 3, nos recuerda: [1]*¡Miren cómo nos amó el Padre! Quiso que nos llamáramos hijos de Dios, y nosotros lo somos realmente. Si el mundo no nos reconoce, es porque no lo ha reconocido a él.* [2] *Queridos míos, desde ahora somos hijos de Dios, y lo que seremos no se ha manifestado todavía. Sabemos que cuando se manifieste, seremos semejantes a él, porque lo veremos tal cual es.*

La pobreza del ser humano no es culpa de Dios, es culpa nuestra, por habernos apartado de sus promesas y no querer reconocerlo como el Divino Providente y tampoco aceptarlo como el Padre generoso y bueno. Te recuerdo que Él, todo lo posee y todo nos lo provee.

El querer de Dios es razonable:

- Quiere que lo reconozcamos como un padre amoroso.
- Quiere que seamos sus hijos de verdad y que nos dejemos amar de Él.
- Quiere que vivamos en gracia de Dios. (Confesados)
- Quiere que Busquemos el reino de Dios y su justicia.
- Quiere matrimonios luminosos y alegres. (Sus pequeñas Iglesias)
- Quiere hijos bien educados y piadosos.
- Quiere ministros para su iglesia.
- Quiere apóstoles que den testimonio de su paz y de su amor.
- Quiere hombres y mujeres que ayuden a extender el Reino de Dios.
- Quiere que vivamos unidos en el nombre de su Hijo nuestro Señor Jesucristo.

Miremos este cuento que nos sitúa en nuestra condición frente a Dios:

> "Un hombre le preguntó a Dios: Mi Dios cuánto es para ti un siglo?
> Y mi Dios le respondió: un siglo para mi es como un segundo.
> Oh que bien Señor, exclamó el hombre.
> Y cuanto es para ti un millón de dólares?
> El Señor le respondió: Un millón de dólares es para mí como un centavo.
> Oh que bien Señor.
> Luego dijo el hombre, Bueno mi Señor por que no me regalas un centavo?
> Y El Señor le contesto: muy bien te lo daré pero por favor me esperas un Segundo".

La moraleja es clara Dios todo lo posee y nosotros debemos pedirle con amor, lo razonable para nuestra subsistencia y bien estar, no para nuestras vanidades mundanas que nos llevaran a la destrucción.

A nuestro Padre celestial lo tenemos que tratar y valorar tal cual es: un Padre amoroso y bueno. Pero también un Padre celoso y justo.

Vive conscientemente una relación personal, íntima y permanente con Dios, sirviéndolo de corazón. Esta es la mejor forma para que tu consigas una gran confianza en Dios y así tu Fe, será fuerte como la del padre Abraham.

6. LA FE EN DIOS Y MI ECONOMÍA:

Dios es Misericordioso y El quiere que todo ser humano tenga lo suficiente para el sustento básico. El quiere que confiemos y nos abandonemos a su Amor Misericordioso.

Muchos años de nuestra vida los hemos caminado, sin tener en cuenta a Dios. Tampoco hemos invitado a Dios para que nos ayude a administrar la economía personal y familiar. Para el católico no puede haber un manejo de sus finanzas fuera del ORDEN DIVINO. Y tu economía se tiene que basar en las leyes Divinas por que de lo contrario tus riquezas se te convertirán en tu peor sufrimiento y muy seguramente se te evaporaran como el humo, o se te irán como agua entre las manos.

Existen en el mundo, muchos infelices esclavos de sus riquezas y son tan pobres y tan infelices, que lo único que tienen, es dinero.

Tu fe, será el resultado de tu relación con Dios. Si tu relación con El es fuerte e intima, así mismo, será tu Fe. También tu economía dependerá de una buena relación con tu Padre amoroso. Es Dios quien te provee, te protege, y te ilumina para darle buen uso a tus bienes y a tus ingresos.

Mateo nos recuerda en el capitulo *17*. *⁵ Los Apóstoles dijeron al Señor: «Auméntanos la fe». ⁶ Él respondió: «Si ustedes tuvieran fe del tamaño de un grano de mostaza, y dijeran a esa morera que está ahí: "Arráncate de raíz y plántate en el mar", ella les obedecería.*

La Fe es un fruto del Espíritu Santo y es también una Virtud Teologal, que como fruto se recibe del Espíritu Santo, pero como Virtud se forma con muchos y frecuentes actos de amor y de abandono en el Señor.

La riqueza verdadera, es una abundante vida en el espíritu, o sea una permanente búsqueda del reino de Dios y su Justicia. Tienes que atesorar bienes para que puedas llegar a la vida eterna.

Algunas veces pedimos los beneficios y los buscamos afanosamente, pero ni siquiera conocemos al dueño y Señor de los beneficios. Por este motivo, muchas veces nuestra oración no alcanza los resultados esperados, es pura falta de Fe y de conocer al Señor, a quien le estas pidiendo. Conoce primero al dueño de los beneficios y luego, pídele a Él, sus beneficios. Ora con mucha Fe y confiando que la Voluntad del Señor, te responderá positivamente.

Aclara Mateo en el capítulo 21: *¹⁸ A la mañana temprano, mientras regresaba a la ciudad, tuvo hambre. ¹⁹ Al ver una higuera cerca del camino, se acercó a ella, pero no encontró más que hojas. Entonces le dijo: «Nunca volverás a dar fruto». Y la higuera se secó de inmediato. ²⁰ Cuando vieron esto, los discípulos dijeron llenos de asombro: « ¿Cómo se ha secado la higuera tan repentinamente?». ²¹ Jesús les respondió: «Les aseguro que si tienen fe y no dudan, no sólo harán lo que yo acabo de hacer con la higuera, sino que podrán decir a esta montaña: "Retírate de ahí y arrójate al mar", y así lo hará. ²² Todo lo que pidan en la oración con fe, lo alcanzarán».*

La Fe es creer lo que no vemos por que Dios nos lo ha revelado. Es llamar a la existencia lo que no existe, es creer en lo que está por venir, es provocar cosas que no existen confiando que Dios todo lo puede.

Dios nos dio el regalo de la Fe y nos prometió que si tenemos Fe como un granito de mostaza, grandes cosas podemos hacer en su nombre.

El poder nuestro radica en creer en Dios y en creerle a Dios. Es mucho más fácil creer en Dios que creerle a Él. Por medio de un proceso de crecimiento interior vamos conociendolo y confiando más y más en Él.

Su palabra es una promesa de amor para nosotros, sus hijos y está dada en LA BÍBLIA o sea en las Sagradas Escrituras. La palabra de Dios en la Bíblia nos hace muchas promesas y si creemos en Dios tenemos que creer en su Santa Palabra. La palabra de Dios todo lo puede.

Vemos desde el Génesis en el capitulo 3. *"Al principio ya existía la Palabra"* y San Juan nos recuerda en el capitulo 1,1 *Era la Palabra eterna que el Padre pronunciaba en el seno de amor de la Santa Trinidad. Después fue la Palabra creadora: "Mediante la Palabra se hizo todo"*

La Fe se consigue buscando las verdades reveladas en la palabra del Señor, pidiéndola en oración, especialmente en la Divina Eucaristía y más aun compartiéndola con nuestros hermanos.

Se nos repiten estas verdades una y otra vez, las leemos, conocemos el origen Divino de las mismas y no las hacemos vida en nosotros. Te invito a que leas la palabra de Dios con hambre y sed de conocerla, pero más importante es, tomar para tí esta palabra de Dios y convertirla en vida dentro de tí, en tu carne, como un pedazo tuyo, de tu propia intimidad, pues esta es la única manera de producir frutos de amor y de paz, para dar gloria a Dios.

Por los frutos los conoceréis, nos dice la Palabra de Dios, pero sin interiorizar estas enseñanzas, los frutos que daréis, serán frutos de la carne y tendréis un espíritu muerto, lejos de tu Padre que está en los Cielos.

Los frutos del espíritu, vienen de Dios y son frutos de luz; los frutos de la carne, vienen del mundo y son producto de la oscuridad.

Cuando las necesidades de nuestro espíritu estén acordes con la voluntad y el espíritu de Dios, produciremos frutos de: amor, paz, reconciliación, unidad, alegría, sabiduría, inteligencia, espíritu de consejo, de Fortaleza, de ciencia y don de temor de Dios.

Siempre que un alma se acerca a Dios con confianza, Él le da tantas gracias que no las puede contener en si misma y las tiene que derramar sobre otras almas.

7. EL VERDADERO VALOR DEL DINERO:

El dinero es un bien material que se usa para intercambiar bienes, y puede hacer bastante bien a la humanidad cuando es usado a la luz de Dios: puede ser usado para generar amor, sembrar paz, para compartir con generosidad, para hacer obras de caridad, para promover el estudio, para investigaciones benéficas, para salud, para generar empresa y empleos, para formar una bonita familia y también para extender el Reino de Dios, etc.

El gran error de la humanidad es pensar que el dinero es el Fin y no es así. El dinero es un medio para la subsistencia y este nos ayuda a alcanzar el Fin, que es nuestra salvación eterna, llegar al Cielo.

La felicidad no está en el dinero ni en el poseer muchos bienes, la verdadera felicidad está en el AMOR. En compartir lo mucho o lo poco que uno tiene, con los demás; en darse de corazón y desinteresadamente; en servir con generosidad y sobre todo en darse por completo a Dios, nuestro Padre y Señor y darse al prójimo por amor a Él.

El dinero también puede ser un gran destructor de la humanidad, cuando es mal usado o usado según los deseos de la carne:

para cometer pecados, crear división, para abusar del prójimo, para vivir los excesos de la carne, como el sexo desordenado, o consumir droga o alcohol, para asesinar o provocar muerte, guerras, divisiones y todos aquellos malos deseos del hombre. En fin, todo aquello que ofende a Dios.

Te recuerda Mateo en el capítulo 6 [24]: *Nadie puede servir a dos señores, porque aborrecerá a uno y amará al otro, o bien, se interesará por el primero y menospreciará al segundo. No se puede servir a Dios y al Dinero.*

Y nos advierte San Lucas en el capítulo 16 [14] *Los fariseos, que eran amigos del dinero, escuchaban todo esto y se burlaban de Jesús.* [15] *Él les dijo: «Ustedes aparentan rectitud ante los hombres, pero Dios conoce sus corazones. Porque lo que es estimable a los ojos de los hombres, resulta despreciable para Dios.*

Reza el prodigio: **"Mas tiene quien menos necesita"**

Y tu, ¿Cuan desapegado estas de los bienes materiales?

Nos vienen a la mente muchos temas, cuando hablamos del dinero:

Pensamos en ingresos, en estabilidad, en prosperidad, en seguridad, ahorro y reserva, futuro, poder, fama, libertad, belleza y alegría.

Desgraciadamente no es así, esta es una ilusión vana y pasajera, pues los que mas dinero tienen y ponen en el toda su confianza, se sienten más inseguros e inestables, presos por sus riquezas, insaciables, infelices, temerosos y otros riesgos que se corren cuando tenemos dinero sin buscar la bendición de Dios. Como conclusión el dinero no es malo, lo malo es no vivir **"MI ECONOMÍA A LA LUZ DE DIOS".**

1. El dinero puede ser raíz de todos los males.
2. El dinero en sí, no es malo pero puede ser muy malo, todo depende de la intención del corazón y de la actitud al compartir, al gastar y al ahorrar.
3. El desorden mundial viene por la enferma codicia del hombre por el dinero.
4. El dinero es un buen instrumento del maligno: Por su mal uso vienen las guerras, las divisiones, los divorcios matrimoniales, las desuniones familiares, familias peleadas, los despilfarros públicos, el hambre mundial, la pobreza, la ignorancia, la inseguridad, la drogadicción, la prostitución, los robos, los asesinatos, los secuestros y en general todos los pecados que proceden de la codicia del ser humano.

Menciona mi padre durante una reunión familiar, su apreciación sobre el dinero: "Creo que donde no hay dinero, no hay amor." Y le contesta mi madre: "Papito, La plata daña los corazones."

Yo creo que los dos tienen parte de la verdad, porque la gran verdad es saber que nuestro corazón debe estar desapegado de toda avaricia, para abrazar al amor verdadero, al amor misericordioso de Dios. Cuando sucede así no importa que tanto o poco dinero tengamos, simplemente seremos felices porque Dios es nuestro gran amor. También Dios sabe que tenemos necesidades y es fundamental tener dinero para que la vida funcione de forma normal.

El joven rico a quien menciona Marcos en el capítulo *19*[18] *Un hombre importante le preguntó: «Maestro bueno, ¿qué debo hacer para heredar la Vida eterna?».* [19] *Jesús le dijo: ¿Por qué me llamas bueno? Sólo Dios es bueno.* [20] *Tú conoces los mandamientos: No cometerás adulterio, no matarás, no robarás, no darás falso testimonio, honra a tu padre y a tu madre».* [21] *El hombre le respondió: «Todo esto lo he cumplido desde mi juventud».* [22] *Al oírlo, Jesús le dijo: «Una cosa te falta todavía: vende todo lo que tienes y distribúyelo entre los pobres, y tendrás un tesoro en el cielo. Después ven y sígueme».* [23] *Al oír estas palabras, el hombre se entristeció, porque era muy rico.*

Solamente podrás librarte de la atadura al dinero y a los bienes materiales cuando seas desprendido y generoso con los demás, como le pidió nuestro Señor al joven rico, reparte entre los pobres. La oración de corazón te enseñara la caridad de los santos. Recuerda a la madre Teresa de Calcuta, a San Francisco de Asis, a San Juan Bosco, a San Nicolás de Bari y a tantos otros que vivieron para el bien de los demás, especialmente de los mas necesitados.

Y Marcos termina contándonos en el capitulo 10:23 *Viéndolo así, Jesús dijo: ¡Qué difícil será para los ricos entrar en el Reino de Dios!* [25] *Sí, es más fácil que un camello pase por el ojo de una aguja, que un rico entre en el Reino de Dios».* [26] *Los que escuchaban dijeron: «Pero entonces, ¿quién podrá salvarse?».* [27] *Jesús respondió: «Lo que es imposible para los hombres, es posible para Dios.*

Nos recuerda Dios en todo momento, que es fundamental tener una confianza firme en el Señor, para vivir una vida a la luz de Dios, a pesar de todas las circunstancias.

8. REGLAS PARA VIVIR MI ECONOMÍA A LA LUZ DE DIOS

⇒ Tienes que vivir en gracia de Dios.
⇒ No robar ni mal gastar el dinero ajeno.
⇒ No hacerle mal a nadie.
⇒ Pedir perdón a quienes les debemos dinero o hemos abusado de ellos.
⇒ No malgastar el dinero ni los bienes.
⇒ Nunca abusar del dinero ni del poder.
⇒ Jamás conseguir la plata mal habida, por la fuerza, o pisoteando al prójimo.
⇒ Nunca conseguir el dinero sucio, fruto del mal, de muerte, de droga, de sexo, de pornografía, de violencia, de división, del secuestro, de la extorsión, o de cualquier clase de delito, dinero proveniente del pecado.
⇒ Pagar lo justo a nuestros acreedores y responder por las deudas adquiridas.
⇒ Recompensar justamente a los empleados y nunca abusar de ellos, ni retener sus ingresos.
⇒ Ser generoso con Dios y con el prójimo.

¿CÓMO DEBES ACTUAR PARA OBTENER BUENOS INGRESOS?

- ✓ Debes Estudiar bastante y prepararte profesionalmente.
- ✓ Trabajar con honestidad y dedicación.
- ✓ Economizar y gastar moderadamente.
- ✓ Ser ordenado (a) y llevando un buen presupuesto.
- ✓ Ahorrar para el futuro.
- ✓ Debes invertir lo ahorrado, con prudencia y sabiduría.
- ✓ Nunca consigas el dinero sucio, ni de forma deshonesta.
- ✓ Comparte con generosidad. Pues la avaricia es detestable a los ojos de Dios.
- ✓ Págale los diezmos a Dios, pues a El, le pertenecen.
- ✓ Da limosnas a los pobres y haz obras de caridad.
- ✓ Vive una vida al servicio de Dios.
- ✓ Nunca te esclavices adquiriendo deudas. La deuda no es agradable a Dios.

9. LA INTENCIÓN DEL CORAZÓN Y SUS PROPÓSITOS:

**"En este mundo existe gente tan pobre tan pobre,
que lo único que tienen es dinero"**

Dios esta viendo en todo momento la intención de nuestro corazón y nuestra Buena disposición interior. Son estas actitudes propias de una conciencia limpia de pecado y sana de malos deseos, dispuesta a amar y servir a Dios y al prójimo. Cuando actuamos de esta manera ya tendremos nuestro corazón dispuesto para recibir los beneficios de parte del dueño de los beneficios. En ese momento estaremos preparados para disfrutar y compartir los bienes, del Reino de nuestro Padre.

Recuerda a Mateo 6: [19] *No acumulen tesoros en la tierra, donde la polilla y la herrumbre los consumen, y los ladrones perforan las paredes y los roban.* [20] *Acumulen, en cambio, tesoros en el cielo, donde no hay polilla ni herrumbre que los consuma, ni ladrones que perforen y roben.* [21] *Allí donde esté tu tesoro, estará también tu corazón.*

Quiero que sepas lo lindo es tener un corazón desapegado y limpio. Las personas que viven según esa conducta irradian un amor que ilumina y se les ve la paz interior en su rostro. Por el contrario quien es avaro, deshonesto y ambicioso, tiene un rostro de dureza y soledad y sin saber por que sentimos desconfianza y falta de paz en su compañía.

El mundo está dominado por la codicia y el egoísmo, por que nos venden el ideal de acaparar todo, para mi solamente.

Esto nos lo advierte Pablo en la segunda carta a Timoteo 3: [1] *Quiero que sepas que en los últimos tiempos sobrevendrán momentos difíciles.* [2] *Porque los hombres serán egoístas, amigos del dinero, jactanciosos, soberbios, difamadores, rebeldes con sus padres, desagradecidos, impíos,* [3] *incapaces de amar, implacables, calumniadores, desenfrenados, crueles, enemigos del bien,* [4] *traidores, aventureros, obcecados, más amantes de los placeres que de Dios;* [5] *y aunque harán ostentación de piedad, carecerán realmente de ella. Apártate de esa gente.*

[9] *El que ama el dinero no se sacia jamás, y al que ama la opulencia no le bastan sus ganancias. También esto es vanidad.* [10] *Donde abundan las provisiones son muchos los que las devoran.*

¿Y qué beneficio reportan a su dueño, fuera de poder mirarlas con sus propios ojos? [11] *Dulce es el sueño del trabajador, sea que coma poco o mucho; al rico, en cambio, el estómago lleno no lo deja dormir.* [12] *Hay un mal muy penoso que yo he visto bajo el sol: es la riqueza guardada por su dueño para su propia desgracia.* [13] *Esta riqueza se pierde en un mal negocio, y el hijo que él engendró se queda sin nada.* [14] *Él salió desnudo del vientre de su madre, y así volverá, como había venido; de su esfuerzo no saca nada que pueda llevárselo consigo.* [15] *Este es ciertamente un mal muy penoso: se fue exactamente como había venido, ¿y de qué le aprovechó esforzarse por nada?* [16] *Además, todos sus días comió oscuramente, con mucho dolor, malestar e irritación.*

Así es el castigo que recibe aquel que no escucha estos consejos. Todos hemos pasado en algún momento por esta avaricia y también conocemos a otros que viven según esta errada conducta y bien sabemos que aborrecible es este comportamiento.

Si es tu caso y eres una persona que ama desmedidamente el dinero, si eres egoísta y soberbio, pídele a Dios de corazón y Él, te librara de este espíritu de avaricia, para que viviendo desapegado(a), conozcas y recibas los regalos que Dios le da a sus amigos, mientras ellos duermen.

Cuando corregimos nuestra conducta podemos decir como Zaqueo: *Lucas 19:* [1] *Jesús entró en Jericó y atravesaba la ciudad.* [2] *Allí vivía un hombre muy rico llamado Zaqueo, que era jefe de los publicanos.* [3] *Él quería ver quién era Jesús, pero no podía a causa de la multitud, porque era de baja estatura.* [4] *Entonces se adelantó y subió a un sicomoro para poder verlo, porque iba a pasar por allí.* [5] *Al llegar a ese lugar, Jesús miró hacia arriba y le dijo: «Zaqueo, baja pronto, porque hoy tengo que alojarme en tu casa».* [6] *Zaqueo bajó rápidamente y lo recibió con alegría.* [7] *Al ver esto, todos murmuraban, diciendo: «Se ha ido a alojar en casa de un pecador».* [8] *Pero Zaqueo dijo resueltamente al Señor: «Señor, ahora mismo voy a dar la mitad de mis bienes a los pobres, y si he perjudicado a alguien, le daré cuatro veces más».* [9] *Y Jesús le dijo: «Hoy ha llegado la salvación a esta casa, ya que también este hombre es un hijo de Abraham,* [10] *porque el Hijo del hombre vino a buscar y a salvar lo que estaba perdido.*

Buen ejemplo nos dio Zaqueo aquel día, cuando de corazón y ayudado por Dios, tomo la firme decisión de corregir su conducta y prometió darle a los pobres y recompensar a todos los que había perjudicado. Esta misma actitud debemos asumir, para sanar interiormente nuestros errores pasados. Corregir estas conductas puede ser muy difícil, pues son pecados y están custodiados por espíritus del mal. Para dominar un vicio se requiere de la ayuda de Dios, por eso debemos orar con mucha humildad.

10. EL DIEZMO Y LAS OFRENDAS

La palabra Diezmo por definición es la décima parte o el 10%. En la Bíblia se le llama Diezmo a la porción de dinero o de bienes que poseemos, para ofrendar a Dios en su Iglesia. Esta décima parte es tomada de los bienes que poseemos y de los ingresos que recibimos.

El diezmo pertenece a Dios, es una obligación para nosotros, pero también un privilegio poderlo dar. Que corazón alegre es el de aquel que comparte con Dios. Recuerda, todo es de Dios, todo nos lo da Dios y solamente me pide que le comparta el 10%, el 90% es para mí. Que generoso es mi buen Dios.

"A Dios lo que es de Dios y al César lo que es de el César"

En su sentido literal, el diezmo es la décima parte de todos los frutos adquiridos, que se debe entregar a Dios como reconocimiento de su dominio supremo. El diezmo se le ofrece a Dios pero se transfiere a sus ministros, así lo vemos en el libro de los Números 28: 21 *El diezmo entero de la tierra, tanto de las semillas de la tierra como de los frutos de los árboles, es de Yahveh; es cosa sagrada de Yahveh.*

+ El diezmo en el Nuevo Testamento que es La Nueva Alianza, no se limita a la ley del 10% sino que nos refiere al ejemplo de Jesucristo que se dio sin reservas.

+ Cristo no rechaza el diezmo pero enseña una referencia nueva: Dar no solo el 10% sino darse del todo por amor, sin tener en cuenta el precio de hacerlo. Eso significa dar el 100%.

San Pablo nos aclara en la segunda carta a los Corintios, capitulo 8:9 *Pues conocéis la generosidad de nuestro Señor Jesucristo, el cual, siendo rico, por vosotros se hizo pobre a fin de que os enriquecierais con su pobreza.*

También tenemos que recordar como Marcos nos relata en el capítulo 12: 42 *Llegó también una viuda pobre y echó dos moneditas, o sea, una cuarta parte del as. Entonces, llamando a sus discípulos, les dijo: "Os digo de verdad que esta viuda pobre ha echado más que todos los que echan en el arca del Tesoro. Pues todos han echado de lo que les sobraba, ésta, en cambio, ha echado de lo que necesitaba todo cuanto poseía, todo lo que tenía para vivir".*

El diezmo es una oportunidad que nos da el señor, de ser generosos con El, compartiéndole los bienes que con tanto amor nos ha dado.

Dar EL DIEZMO es una obligación pero ante todo un privilegio. Es un premio para nosotros poder mostrarle a Dios cuanto lo amamos y cuanto le agradecemos su generosidad.

Por sus frutos los conoceréis. Tenemos que dar frutos de amor con generosidad.

La promesa de Dios "Quien generosamente da, generosamente recibe"

Nuestro diezmo debe ser el 10% del total de nuestros ingresos y de nuestros haberes. ¿Crees que es demasiado? Piensa solamente en la generosidad de Dios para con tigo, pues todo, absolutamente todo, Él te lo dio.

A veces no damos los diezmos por las siguientes razones:

- Ignorancia.
- Egoísmo.
- Envidia.
- Mal ejemplo.
- Desconfianza.
- Desorden financiero.
- Pereza.
- Por falta de Fe.
- Por temor.

¿Cuál es la disculpa tuya para no dar el 10% de tus ingresos a tu Iglesia?

Dice el Señor que el 10% de nuestros ingresos y de nuestros haberes le corresponden a El y no son de nosotros. Y dice que si le quitamos sus diezmos El nos maldecirá, (Yo no quisiera saber que tan duro y doloroso puede ser una maldición del Señor).

Pero también nos invita a que lo probemos con el diezmo y el nos abrirá las ventanas de cielo para vaciarles la mas rica bendición, les protegeré su economía y las otras personas los llamarán dichosos. "Yo, el señor todopoderoso, lo he dicho.

La promesa de Dios por los diezmos nos la muestra Malaquías. Yo te invito a leer con detalle y a profundizar en el sentido de estas citas bíblicas.

Malaquías, 3: [6]: *Porque yo, el Señor, no he cambiado, ¡pero ustedes no dejan de ser hijos de Jacob!*

[7] *Desde la época de sus padres, ustedes se apartan de mis preceptos y nos observan. ¡Vuelvan a mí y yo me volveré a ustedes!, dice el Señor de los ejércitos. Ustedes dicen: «¿Cómo volveremos?».*

[8] *¿Puede un hombre defraudar a Dios? ¡Sin embargo, ustedes me defraudan a mí! Ustedes dicen: «¿En qué te hemos defraudado?». En el diezmo y en los tributos.*

[9] *Sobre ustedes pesa una maldición, porque ustedes, la nación entera, me defraudan.*

[10] *Lleven el diezmo íntegro a la casa del Tesoro, para que haya alimento en mi Casa. Sométanme a esta prueba, dice el Señor de los ejércitos, y verán si no les abro las compuertas del cielo y derramo para ustedes la bendición en abundancia.*

[11] *Yo les espantaré la langosta, para que no destruya los frutos de la tierra y la viña no les quede estéril en el campo, dice el Señor de los ejércitos.*

[12] *Todas las naciones los proclamarán felices, porque ustedes serán una tierra de delicias, dice el Señor de los ejércitos.*

Cuidémonos de dar al Señor lo que nos sobra, lo que es desagradable a nosotros y aquello que creemos que no tiene valor, pues de esa misma forma lo recibirá el Señor de parte nuestra. Siempre para el Señor démosle lo mejor que poseemos.

EXPLICACION

- Dice el Señor: vuélvanse a mí y yo me volveré a ustedes. El Señor espera siempre nuestra buena actitud y nuestro deseo de cambio y Él no se deja ganar en generosidad.
- Dice: Ustedes se apartan de mis preceptos y me han defraudado.

- Me han defraudado con el diezmo y con las ofrendas. Porque para Dios es un verdadero fraude cuando nosotros nos quedarnos con sus diezmos, claro, pues los diezmos son suyos y a veces nosotros nos los robamos al quedarnos con ellos. Tal vez consideramos que no tenemos la obligación de darlos y que esta obligación es solamente cuando a mi me da la gana o cuando me sobre plata en cantidad. Yo creo que cuando tengas plata en cantidad mucho menos vas a dar el diezmo, recuerda el que es fiel en lo poco será fiel en lo mucho.
- Continua diciéndonos Malaquías de parte de Dios: sobre ustedes pesa una maldición. Yo no quisiera saber que dura y dolorosa puede ser una maldición de parte de Dios y tampoco estoy dispuesto a hacer algo que no le agrade al Señor. No quisiera pensar que por concepto de los diezmos mucha gente tiene una mala economía o que su vida, es un total desastre en torno a su relación con Dios.
- Lleven el diezmo íntegro a la casa del Tesoro para que haya alimento en mi Casa. El diezmo debe ser llevado a la Iglesia local y si considero que con ese dinero puedo también ayudar a otra Iglesia, también lo podre hacer. No te preocupes en que va a ser utilizado este dinero, esa será la responsabilidad del sacerdote con Dios. Si tu quedas preocupado es posible que tu egoísmo no te deje pensar, que tu responsabilidad solamente llega hasta el momento de entregar el diezmo en la Iglesia.
- Sométanme a esta prueba, dice el Señor de los ejércitos. Creo que no se debe tentar o poner a prueba al Señor, pero es Él mismo que nos dice que lo pongamos a prueba, esa es la garantía de Dios para quien es generoso con Él y con su Iglesia.
- Y verán si no les abro las compuertas del cielo y derramo para ustedes la más rica bendición. Para quien tenga Fe en Dios y le crea al Señor, esta es la certeza de poder ser bendecido de su parte. Esta promesa nos debería dar

mucha paz y contento, pues es el secreto escondido de una buena prosperidad y nosotros ya lo conocemos.

● Yo les protegeré su economía. Yo les espantaré la langosta... Quien quisiera estar protegido por Dios, esta es la garantía de una buena estabilidad y un buen futuro. También nos promete que va a espantar todo aquello que dañe nuestra cosecha, o sea nuestros ingresos y nuestras poseciones.

● Todas las naciones los proclamarán felices y serán una tierra de delicias. Tal vez no sea tu interés ser envidiado por otras personas, pero seguramente tu recibes con agrado que otros te admiren y que seas un buen ejemplo para los demás. También te agradara que digan que tú y tu familia son felices. Esta es una real consecuencia de cumplir con nuestro compromiso de diezmar.

● Lo dice el señor de los ejércitos. (Así firma Dios). Esta frase es una garantía segura del compromiso que hace Dios con quienes son generosos con Él.

Tu economía familiar dependerá en una forma directa de la manera como des el diezmo. Si tu Diezmo es miserable así mismo será tu economía. Si tu Diezmo es abundante y generoso, alcanzarás una economía prospera y abundante.

Es Dios y su bendición la que nos enriquece. Es una promesa que nos ha hecho Dios: si somos fieles en el diezmo, El nos bendecirá abundantemente y seremos ejemplo de vida recta para otras familias.

Si queremos cumplir con el mandato de los diezmos debemos hacer un plan familiar y trabajar en equipo, pues todos debemos aportar lo correspondiente, de una forma ordenada sin afectar los gastos prioritarios. Para hacer este presupuesto no tengas miedo, solo confía en las promesas del Señor y ten la seguridad de que el será fiel a su palabra.

LAS OFRENDAS

Son contribuciones extras a los diezmos, también voluntarias y de corazón hechas a la Iglesia o a cualquier ministerio de ella para el bien de la comunidad, de los ministerios o de sus ministros. Una referencia de estas podemos ver en el Éxodo 34:[29] *De esta manera, llevados por un impulso generoso, hombres y mujeres presentaron su ofrenda voluntaria para la ejecución de todos los trabajos que el Señor había prescrito a los israelitas, por intermedio de Moisés.*

Las Ofrendas son una extensión de los Diezmos.

11. LAS LIMOSNAS

El libro del Deuteronomio nos recuerda en el capitulo 15: 11 *Ciertamente nunca faltarán pobres en este país; por esto te doy yo este mandamiento: debes abrir tu mano a tu hermano, a aquél de los tuyos que es indigente y pobre en tu tierra"*

La limosna es la distribución de los bienes que nosotros hacemos con nuestros hermanos menos favorecidos, o bien los más necesitados.

La limosna es diferente al Diezmo ya que este se le da a Dios y la limosna es para nuestro prójimo necesitado.

Para Mateo la limosna es un, atesorar en el cielo: Mt 6. 20-21: [33] *Vendan sus bienes y denlos como limosna. Háganse bolsas que no se desgasten y acumulen un tesoro inagotable en el cielo, donde no se acerca el ladrón ni destruye la polilla.* [34] *Porque allí donde tengan su tesoro, tendrán también su corazón.*

Dice el Concilio Vaticano II que la limosna debe darse no sólo de los bienes superfluos, sino también de los necesarios.

Para que la limosna sea auténticamente cristiana, debe tener ciertas cualidades:

- En primer lugar debe ser justa, es decir, hecha de los bienes que uno tiene y de los que legítimamente puede disponer. Nunca tendrá valor la limosna hecha con bienes de otros, como suele a veces suceder.
- La limosna tiene que ser prudente, es decir, que se debe distribuir entre verdaderos necesitados, y se debe dar a aquellos pobres a los que realmente no les va a hacer más daño que bien.
- La limosna tiene que ser pronta, se debe dar en el tiempo de la necesidad, y no "vuelve mañana".
- La limosna debe darse con alegría, porque Dios quiere al que da alegremente.
- La limosna debe ser secreta, no proclamada a los cuatro vientos, buscando la alabanza de los que la ven hacer.
- La limosna debe ser desinteresada, al hacer la limosna no buscar recompensa humana, solo buscar el cumplimiento del precepto del amor al prójimo.
- Como última cualidad al dar limosna, aunque debe ser la fundamental, señalemos que la limosna debe hacerse por amor al prójimo, y no por otros motivos, más o menos legítimos, pero no correctos cristianamente.

Afortunadamente el deber de dar limosna, va entrando poco a poco en la conciencia de los católicos. Aunque algunos todavía no acaban de comprender que ellos son simples administradores de los bienes que Dios ha puesto en sus manos. Y Dios, que es el Dueño de todo, desea que esos bienes ayuden también a otros, después de haber remediado sus propias necesidades.

Dar con generosidad y con amor. Sin sacar en cara.

Corintios nos recuerda en la segunda carta, capitulo 9:7 *Cada cual dé según el dictamen de su corazón, no de mala gana ni forzado, pues: Dios ama al que da con alegría. Y poderoso es Dios para colmaros de toda gracia a fin de que teniendo, siempre y en todo, todo lo necesario, tengáis aún sobrante para toda obra buena.*

⁹ Como está escrito: Repartió a manos llenas; dio a los pobres; su justicia permanece eternamente. ¹⁰ Aquel que provee de simiente al sembrador y de pan para su alimento, proveerá y multiplicará vuestra sementera y aumentará los frutos de vuestra justicia.

Lo que demos al prójimo démoslo a escondidas, con generosidad y sin sacar jamás en cara. La recompensa viene de Dios mismo para que no la busquemos en la tierra y de esta manera lo escribe San Mateo 6: *¹ Tengan cuidado de no practicar su justicia delante de los hombres para ser vistos por ellos: de lo contrario, no recibirán ninguna recompensa del Padre que está en el cielo. ² Por lo tanto, cuando des limosna, no lo vayas pregonando delante de ti, como hacen los hipócritas en las sinagogas y en las calles, para ser honrados por los hombres. Les aseguro que ellos ya tienen su recompensa. ³ Cuando tú des limosna, que tu mano izquierda ignore lo que hace la derecha, ⁴ para que tu limosna quede en secreto; y tu Padre, que ve en lo secreto, te recompensará.*

LA SIEMBRA Y COSECHA O LEY DEL CULTIVADOR:
Nuestra cosecha será abundante si sembramos con abundancia; pero si sembramos con miseria, miserias recogeremos.

Todo lo que sembremos con abundancia se nos devuelve multiplicado como le sucede al cultivador, quien sembrando 3 granos de frijol y 2 granos de maíz, recoge 200 granos de frijol y 900 granos de maíz. Nuestro Padre Amoroso no se deja ganar en generosidad.

- Quien siembra Amor recibe Amor.
- Quien siembra Perdón recibe Perdón.
- Quien siembra Paz recibe Paz.
- Quien siembra Alegría recibe Alegría.
- Quien siembra Compasión recibe Compasión.
- Quien siembra Buen trato recibe Buen trato.
- Quien siembra Armonía recibe Armonía.
- Quien siembra Educación Recibe Formación.

- Quien siembra Temor de Dios recibirá ese valioso Don.
- Quien siembra Apostolado recibe Luz del Divino Espíritu.
- Quien siembra Generosamente recibe Generosamente.

12. EL PRESUPUESTO EN FE Y MI ECONOMÍA FAMILIAR

Para tener una buena economía familiar tenemos que trabajar en equipo: Dios, esposo, esposa e hijos. Tiene que ser un trabajo responsable y organizado, en el cual nos comprometemos de corazón a administrar los ingresos, los gastos y los ahorros. Es un trabajo serio y responsable para toda la vida.

El manejo de una buena economía familiar va a requerir de los siguientes compromisos:

- Trabajar en equipo toda la familia.
- Trabajar con mucho orden.
- Ser disciplinados en la administración.
- Hacer una buena planeación.
- Ser muy responsables.
- Esforzarnos en conseguir los ingresos y los bienes necesarios.
- Tener una buena Intención del Corazón.
- Ser muy generosos y compartir con amor y desprendimiento.
- Respetar a la familia y ser responsable con mis gastos.
- Gastar con responsabilidad , pero no sea tacaño.
- Viva desapego de los bienes materiales y también de usted mismo.

○ Haga mucha oración: "Dos o tres reunidos en mi nombre allí estaré yo, dice el Señor"

Nuestra naturaleza humana busca el confort y la felicidad, el dinero puede solucionar parcialmente estos deseos, claro que si, pero jamás podemos pensar, que esta sea una verdad, cunado estamos lejos de Dios.

Veamos, ¿Cuáles son las expectativas que tiene el ser humano, con su economía?:

⇒ Todos queremos buenos ingresos.
⇒ Queremos tener dinero para ofrendar a Dios.
⇒ Poder compartir con el prójimo.
⇒ Queremos prosperidad familiar.
⇒ Deseamos estabilidad financiera.
⇒ Seguridad para toda la vida.
⇒ Continuidad y permanencia financiera.
⇒ Reserva o ahorro para hacer inversiones.
⇒ Previsión de futuro.

Antes de hacer un buen presupuesto de gastos, todo buen administrador, tiene que poner en papel y con detalle su Estado Financiero. Esto es, determinar que activos tengo y que deudas o pasivos tengo. En el caso de un balance familiar, se deben incluir todos los bienes y deudas del grupo familiar. Quiero recordarte que a Dios no le agrada que tú tengas deudas, por que quien se endeuda se convierte en esclavo del prestamista. Lucha con mucho afán por salir de todas tus deudas y cuando no le debas a nadie podrás vivir en paz y contento.

Los activos menos los pasivos se llaman patrimonio y son los bienes que Dios te ha confiado para que tú los administres bien. Recuerda ser un administrador(a) fiel, pues tendrás que rendir cuentas a Dios por dicha gestión y se te premiara si lo haces bien. De lo contrario serás castigado por no haber sabido administrarlos a la LUZ DE DIOS. Recuerda ser generoso con los demás y el Señor te recompensara tu desprendimiento.

El presupuesto:

El paso siguiente es hacer un buen Presupuesto. Esta es una herramienta indispensable para saber cuanto te ganas y cuanto te gastas y se deben incluir los ingresos, gastos, diezmos, limosnas, ahorro, abono a deudas, etc. El detalle te ayudara a ponerte en orden. De igual manera cuando sacamos la diferencia entre los ingresos totales y todos los gastos nos arroja un resultado, el cual puede ser positivo o negativo.

Antes de hacer el presupuesto tenemos que considerar:

1. El patrimonio familiar: son todos los bienes que poseemos. Deberían ser un único fondo familiar común y no dividido en capitulaciones.
2. Los ingresos: todo bien económico o material que ganemos en familia. (Salario, bonos, comisiones, premios, aportes, intereses recibidos, donaciones y herencias, etc.)
3. Las deudas: todas aquellas cuentas o compromisos pendientes por pagar.
4. Los Diezmos y limosnas: Aporte de mis ingresos a Dios (10%) y al prójimo respectivamente.
5. Los gastos: Dinero que se usa para el pago de las necesidades básicas y también para algunos lujos. (Restaurantes y celebraciones, vacaciones familiares).
6. Los ahorros: Es aquel dinero que se reserva para necesidades futuras o para nuevas inversiones. Debe ser una cuota fija dentro del presupuesto.
7. El balance final: Algunas veces será una cifra negativa, faltándote algo de dinero para cubrir tus gastos básicos, (esto quiere decir, que te estas endeudando) en otras oportunidades será un balance positivo, pero como

nosotros no podemos vivir en la incertidumbre de un resultado mensual, quiero que tenga en cuenta, que, para quien pone su confianza en el Señor, este resultado deberá ser positivo. De lo contario, le repito, póngase en comunicación con Dios porque algo debe estar mal en su relación con el Señor y tiene que ser corregido.

Técnicas para planear el presupuesto:

- Tener una buena comunicación con Dios y con la familia. Considere todo respecto a su economía.
- Preparación del presupuesto y planear según un formato determinado.
- Fijar propósitos e ideales de vida en familia. Determinar un estatus o ritmo de vida moderado y acorde a sus ingresos. No sueñe.
- Aclarar la relación de pareja frente al dinero y respecto a los gastos de cada uno.
- Fijar metas a largo plazo.
- Determinar cuáles son los ingresos individuales y luego, juntarlos. Ser realistas y no soñadores.
- Discutir gastos y clasificarlos por necesarios y suntuosos.
- Sinceridad y prudencia en el manejo del dinero.
- Hacer el presupuesto según el formato sugerido. (Listado de ingresos menos gastos mensuales)
- Controlar el presupuesto periódicamente y hacer correcciones.
- Evitar los comentarios negativos, las amenazas y o sacar en cara los errores cometidos.
- Poner en oración este presupuesto para que lo cumplamos sin excesos.

Un presupuesto es una herramienta administrativa que es usada para planear el manejo de las naciones, las compañías, y de todos los proyectos empresariales bien dirigidos. También nuestra administración familiar y personal tiene que ser llevada con un buen presupuesto.

Esta herramienta garantiza de una forma muy precisa que los gastos que se van a hacer para determinado proyecto sean adecuados y no sobrepasen los ingresos. Si la administración de dicho proyecto se hace correctamente pues el proyecto se podrá finalizar con éxito y con utilidades.

Todo hombre que empieza a construir su casa quiere terminarla.

Nos recuerda San Lucas 14: 28 *¿Quién de ustedes, si quiere edificar una torre, no se sienta primero a calcular los gastos, para ver si tiene con qué terminarla?*[29] *No sea que una vez puestos los cimientos, no pueda acabar y todos los que lo vean se rían de él, diciendo:*[30] *"Este comenzó a edificar y no pudo terminar".*[31] *¿Y qué rey, cuando sale en campaña contra otro, no se sienta antes a considerar si con diez mil hombres puede enfrentar al que viene contra él con veinte mil?*[32] *Por el contrario, mientras el otro rey está todavía lejos, envía una embajada para negociar la paz.*[33]

TABLA DE PRESUPUESTO MENSUAL

ANO XXXXX	ENERO	FEBRERO	MARZO
CUOTA DE DEUDAS			
CUOTA DE DEUDA CARRO			
CUOTA DE DEUDA ESTUDIO			
CUOTA DE DEUDA CASA TOTAL			
INGRESOS EN FE			
INGRESOS REALES			
GASTOS MENSUALES			
DIEZMOS (10%)			
CUOTA DE HIPOTECA			
CUOTA DE LINEA DE CREDITO			
SEGURO CASA			

IMPUESTOS CASA			
COPROPIEDAD			
ELECTRICIDAD			
TELEFONO			
BASURA			
AGUA			
MANTENIMIENTO DE CASA			
UNIFORMES COLEGIOS			
UTILES ESCOLARES			
COLEGIO			
CELULARES			
GASOLINA			
CUOTA DE LO CARROS			
CUOTA DE SEGURO CARROS			
MANTENIMIENTO CARROS			
PEAJES EN CARRETERA			
DIVERSION			
VACCIONES ANUALES			
INTERESES PRESTAMOS			
DONACION A FAMILIARES Y POBRES			
TARJ CRED 1			
TARJ CRED 2			
TARJ CRED ESPOSA 1			
TARJ CRED ESPOSA 2			
SEGURO DE VIDA			
SEGURO DE SALUD			
GASTOS MEDICOS			
CLASES DE LECTURA, PIANO, FUTBOL, VALET, GOLF, ETC			

GASTOS DIARIOS MENORES			
MERCADO			
TELEVISION POR CABLE			
EXTRAS			
AHORRO MENSUAL			
TOTAL GASTOS			
SALDO FINAL			

Recomendación:

El preparar con mucho detalle y vivir este presupuesto le va a garantizar que su economía tome orden y usted tenga control del dinero en sus ingresos y gastos y también le dejará vivir con menos estrés, porque ya sabe, con que puede contar. Este orden le producirá mucha paz y bendición para su familia.

Tenemos que pedir a Dios la bendición para nuestra economía y sobre todo que nos ayude a cumplir el presupuesto diseñado, a pesar de los imprevistos.

El buen resultado de nuestra economía dependerá única y exclusivamente de la Voluntad de Dios. Saca esta conclusión para tu economía, tú administras y ejecutas, pero el gran proveedor es Dios. Claro que es necesario tu esfuerzo.

Reza el proverbio: **A Dios rogando y con el mazo dando**.

De tal manera que tu estado financiero y tu presupuesto es un tema netamente espiritual. Pide ayuda y levanta los ojos al cielo. Cuando tú entiendas esto, podrás ser libre financieramente, pues ya entiendes quién es el proveedor absoluto, Dios.

Con los pies en el suelo, pero con la mirada en el Cielo.

13. LA MAYORDOMÍA

La mayordomía es la administración de los bienes, que mi Padre, ha puesto en mis manos. Estos bienes son prestados por que nada, absolutamente nada me pertenece.

Veamos las tres reglas de oro del desprendimiento:

- Con nada vinimos a este mundo.
- Nada nos pertenece en este mundo. (Todo es de Dios)
- Y nada nos llevaremos a la hora de la muerte.

Estas verdades nos enseñaran a vivir desapegados de los bienes materiales y como consecuencia nos harán poner la atención en Dios, el dador generoso.

Así reza el proverbio chino: **"Mas tiene quien menos necesita"**

Los bienes que Dios nos presta son:

Tesoro: (Bienes materiales)
Talento: (Capacidades para poder actuar)
Tiempo: (Momento para vivir)

La mayordomía es la administración fiel de estos regalos y por medio de la buena administración que le demos a estos bienes, le estaremos dando gloria a Dios. También con ellos nos estamos ganando el Cielo y nos estamos santificando.

¿Amar a Dios o al dinero?

Dios es celoso y El quiere toda la Gloria y la honra para El, pero nosotros a veces *diosificamos* al dinero, a las personas, al poder, al poseer, al placer, a las cosas materiales, en general, todo lo que sea pasión y placer y esta actitud la aborrece el Señor. En el mundo de hoy es muy usual poner un sin número de prioridades en nuestra vida y a Dios lo relegamos para los casos de emergencia. Es como tener un Dios de bolsillo, que solamente lo utilizo para apagar incendios. Que vida espiritual tan pobre.

Según San Lucas 13: *Ningún servidor puede servir a dos señores, porque aborrecerá a uno y amará al otro, o bien se interesará por el primero y menospreciará al segundo. No se puede servir a Dios y al Dinero».*

Dios es todo Amor y espera de cada uno de nosotros, una actitud igual, una respuesta de amor a Él.

A Dios le ofende cuando piensas únicamente en ti mismo y te olvidas del prójimo y en especial del prójimo pobre.

Recuerda que Dios está en nuestro prójimo pero en el pobre, está dos veces.

De esta manera nos lo recuerda el Señor con la parábola del rico avaro:

Lucas 16: *Les dijo entonces una parábola: «Había un hombre rico, cuyas tierras habían producido mucho,* [17] *y se preguntaba a sí mismo: "¿Qué voy a hacer? No tengo dónde guardar mi cosecha".* [18] *Después pensó: "Voy a hacer esto: demoleré mis graneros, construiré otros más grandes y amontonaré allí todo mi trigo y mis bienes,* [19] *y diré a mi alma: Alma mía, tienes bienes almacenados para muchos años; descansa, come, bebe y date buena vida".* [20] *Pero Dios le dijo: "Insensato, esta misma noche vas a morir. ¿Y para quién será lo que has amontonado?".* [21] *Esto es lo que sucede al que acumula riquezas para sí, y no es rico a los ojos de Dios».*

Todo el bien que puedas hacer por tu prójimo y te repito, especialmente por los más pobres, te será recompensado en esta vida y en la otra. El mejor legado que puedes dar a tus hijos y a tus conocidos es el ejemplo de la generosidad.

Ser rico a los ojos de Dios es tener buena intención de corazón, al manejar tus bienes y al compartir con desapego con los menos favorecidos. Recuerda siempre a tus padres y tus familiares.

Un buen mayordomo o un administrador fiel, tienes que considerar entre sus gastos mensuales, compartir y ser generoso (a).

¿Que clase de administrador(a) eres tú?

Miremos lo que nos escribe san Lucas 16: [1] *Decía también a los discípulos: «Había un hombre rico que tenía un administrador, al cual acusaron de malgastar sus bienes.* [2] *Lo llamó y le dijo: "¿Qué es lo que me han contado de ti? Dame cuenta de tu administración, porque ya no ocuparás más ese puesto".* [3] *El administrador pensó entonces: "¿Qué voy a hacer ahora que mi señor me quita el cargo? ¿Cavar? No tengo fuerzas. ¿Pedir limosna? Me da vergüenza.* [4] *¡Ya sé lo que voy a hacer para que, al dejar el puesto, haya quienes me reciban en su casa!".* [5] *Llamó uno por uno a los deudores de su señor y preguntó al primero: "¿Cuánto debes a mi señor?".* [6] *"Veinte barriles de aceite", le respondió. El administrador le dijo: "Toma tu recibo, siéntate en seguida, y anota diez".* [7] *Después preguntó a otro: "Y tú, ¿cuánto debes?". "Cuatrocientos quintales de trigo", le respondió. El administrador le dijo: "Toma tu recibo y anota trescientos".* [8] *Y el señor alabó a este administrador deshonesto, por haber obrado tan* *hábilmente. Porque los hijos de este mundo son más astutos en su trato con los demás que los hijos de la luz.*

En este mundo existe toda clase de administradores, fieles, honestos, responsables, pero también, tramposos, mentirosos, ladrones, en fin, cualquiera sea su actitud, pero tú solamente puedes ser un fiel, responsable y honesto administrador ya que tendrás que dar cuentas a Dios, por todo lo que hagas con ese dinero y con esos bienes que se te fueron entregados en administración.

Es muy clara la parábola que nos recuerda San Mateo 24:[41] *Pedro preguntó entonces: «Señor, ¿esta parábola la dices para nosotros o para todos?».* [42] *El Señor le dijo: ¿Cuál es el administrador fiel y previsor, a quien el Señor pondrá al frente de su personal para distribuirle la ración de trigo en el momento oportuno?* [43] *¡Feliz aquel a quien su señor, al llegar, encuentre ocupado en este trabajo!* [44] *Les aseguro que lo hará administrador de todos sus bienes.* [45] *Pero si este servidor piensa: "Mi señor tardará en llegar", y se dedica a golpear a los servidores y a las sirvientas, y se pone a comer, a beber y a emborracharse,* [46] *su señor llegará el día y la hora menos pensada, lo castigará y le hará correr la misma suerte que los infieles.*

[47] *El servidor que, conociendo la voluntad de su señor, no tuvo las cosas preparadas y no obró conforme a lo que él había dispuesto, recibirá un castigo severo.* [48] *Pero aquel que sin saberlo, se hizo también culpable, será castigado menos severamente. Al que se le dio mucho, se le pedirá mucho; y al que se le confió mucho, se le reclamará mucho más*

[9] *Pero yo les digo: Gánense amigos con el dinero de la injusticia, para que el día en que este les falte, ellos los reciban en las moradas eternas.*

[10] *El que es fiel en lo poco, también es fiel en lo mucho, y el que es deshonesto en lo poco, también es deshonesto en lo mucho.* [11] *Si*

ustedes no son fieles en el uso del dinero injusto, ¿quién les confiará el verdadero bien? [12] *Y si no son fieles con lo ajeno, ¿quién les confiará lo que les pertenece a ustedes?*

Cuando tú administras bien tus bienes, puedes estar seguro, que el Señor quien es el Dueño de todo cuanto existe, te entregara mas bienes en administración y además este buen desempeño te hará libre y feliz.

A pesar, de lo mucho o poco que tengas, porque ya entenderás que la prioridad en tu corazón, es Dios.

Cristo y yo… mayoría aplastante.

Es de esta forma como debemos actuar en todas las áreas de nuestra vida. El éxito está garantizado para quien trabaja mano a mano con el Señor.

Cuidado los hombres que tienen poder, si tienes bajo tu responsabilidad, la administración de los bienes que pertenecen a mucha gente, adminístralos de la mejor forma posible pues de este manejo tendrás que rendir cuentas al Altísimo, y pagarás por su mal uso, pero serás recompensado también, por tu buen desempeño. Cuida de todas las personas a tu cargo, por que por su nombre propio, te los ha encomendado Dios.

Nos hace pensar el libro de la Sabiduría 6: [1] *¡Escuchen, reyes, y comprendan! ¡Aprendan, jueces de los confines de la tierra!* [2] *¡Presten atención, los que dominan multitudes y están orgullosos de esa muchedumbre de naciones!*

[3] *Porque el Señor les ha dado el dominio, y el poder lo han recibo del Altísimo: él examinará las obras de ustedes y juzgarán sus designios.* [4] *Ya que ustedes, siendo ministros de su reino, no han gobernado con rectitud ni han respetado la Ley ni han obrado según la voluntad de Dios,* [5] *él caerá sobre ustedes en forma terrible y repentina, ya que*

un juicio inexorable espera a los que están arriba. ⁶ *Al pequeño, por piedad, se le perdona, pero los poderosos serán examinados con rigor.* ⁷ *Porque el Señor de todos no retrocede ante nadie, ni lo intimida la grandeza: él hizo al pequeño y al grande, y cuida de todos por igual,* ⁸ *pero los poderosos serán severamente examinados.* ⁹ *A ustedes, soberanos, se dirigen mis palabras, para que aprendan la Sabiduría y no incurran en falta;* ¹⁰ *porque los que observen santamente las leyes santas serán reconocidos como santos, y los que se dejen instruir por ellas, también en ellas encontrarán su defensa.* ¹¹ *Deseen, entonces, mis palabras; búsquenlas ardientemente, y serán instruidos, DIOS AMA AL HOMBRE AGRADECIDO.*

La avaricia es uno de los grandes males del mundo actual y nos olvidamos de las personas menos favorecidas. Recuerda que esas personitas son las preferidas de nuestro Padre Celestial, también son nuestros hermanos y El está esperando que tu y yo los ayudemos con todo el corazón.

Escribe San Lucas 19: *Había un hombre rico que se vestía de púrpura y lino finísimo y cada día hacía espléndidos banquetes.* ²⁰ *A su puerta, cubierto de llagas, yacía un pobre llamado Lázaro,* ²¹ *que ansiaba saciarse con lo que caía de la mesa del rico; y hasta los perros iban a lamer sus llagas.* ²² *El pobre murió y fue llevado por los ángeles al seno de Abraham. El rico también murió y fue sepultado.*

²³ *En la morada de los muertos, en medio de los tormentos, levantó los ojos y vio de lejos a Abraham, y a Lázaro junto a él.* ²⁴ *Entonces exclamó: "Padre Abraham, ten piedad de mí y envía a Lázaro para que moje la punta de su dedo en el agua y refresque mi lengua, porque estas llamas me atormentan".* ²⁵ *"Hijo mío, respondió Abraham, recuerda que has recibido tus bienes en vida y Lázaro, en cambio, recibió males; ahora él encuentra aquí su consuelo, y tú, el tormento.* ²⁶ *Además, entre ustedes y nosotros se abre un gran abismo. De manera que los que quieren pasar de aquí hasta allí no pueden hacerlo, y tampoco se puede pasar de allí hasta aquí".*

²⁷ *El rico contestó: "Te ruego entonces, padre, que envíes a Lázaro a la casa de mi padre,* ²⁸ *porque tengo cinco hermanos: que él los prevenga, no sea que ellos también caigan en este lugar de tormento".* ²⁹ *Abraham respondió: "Tienen a Moisés y a los Profetas; que los escuchen".* ³⁰ *"No, padre Abraham, insistió el rico. Pero si alguno de los muertos va a verlos, se arrepentirán".* ³¹ *Abraham respondió: "Si no escuchan a Moisés y a los Profetas, aunque resucite alguno de entre los muertos, tampoco se convencerán.*

No seas como el rico que vestía de purpura y solo pensaba en sus deseos y pasiones pero jamás en la necesidad del pobre Lázaro. Dios ama y cuida a sus pobres y da a los pequeños de este mundo los regalos que son grandes para la vida eterna.

14. LA GRATITUD A DIOS

A Dios le agradan las almas agradecidas. Cuando alguien es agradecido está diciéndole con su actitud al Señor: me gustan tus regalos. Esto agrada a Dios, por eso Él se complace dándole muchos nuevos regalos.

Recuerda siempre: **"La llave de la prosperidad es la gratitud a Dios"**.

Así lo vemos, en la cita de la curación de los 10 leprosos:

Lucas 17: [11] *Mientras se dirigía a Jerusalén, Jesús pasaba a través de Samaria y Galilea.* [12] *Al entrar en un poblado, le salieron al encuentro diez leprosos, que se detuvieron a distancia* [13] *y empezaron a gritarle: ¡Jesús, Maestro, ten compasión de nosotros!».* [14] *Al verlos, Jesús les dijo: «Vayan a presentarse a los sacerdotes». Y en el camino quedaron purificados.*

[15] *Uno de ellos, al comprobar que estaba curado, volvió atrás alabando a Dios en voz alta* [16] *y se arrojó a los pies de Jesús con el rostro en tierra, dándole gracias. Era un samaritano.* [17] *Jesús le dijo entonces: ¿Cómo, no quedaron purificados los diez? Los otros nueve, ¿dónde están?* [18] *¿Ninguno volvió a dar gracias a Dios, sino este extranjero?».* [19] *Y agregó: «Levántate y vete, tu fe te ha salvado».*

Dios ama al corazón agradecido, porque la gratitud es una deuda de honor. Al Creador le gusta ver que su creatura, reconozca de corazón el amor recibido.

La mejor forma de agradecerle al Señor, es llevando una vida de gracia en El y compartiendo con El, sus regalos más preciados: Su Palabra y la Divina Eucaristía.

Te invito a que adores con frecuencia a Jesús, presente en la Divina Eucaristía y así tu felicidad será completa. Cuanto más tiempo pasas con El, tus dificultades y problemas se irán desapareciendo y encontraras en el dulce trato de Jesús, la paz que encuentran los santos de este mundo, aquellos que le buscan sin desfallecer.

Compartir tiempo con tus amigos es la mejor forma de agradecerles su amor. Haz lo mismo con tu mejor amigo, Jesús.

Cada momento que pasas en la presencia de Jesús Eucaristía te esta transformando, te está haciendo mejor persona y cada segundo compartido en su presencia tendrá recompensa en la vida eterna.

15. VIVIR UNA VIDA DE INTIMIDAD CON DIOS

Dios solamente espera que nosotros llevemos una vida fiel a su servicio y al servicio de nuestro prójimo y El, se encargará de lo demás. En la carta a los romanos dice: *Ninguno de nosotros vive para sí, ni tampoco muere para sí.* [8] *Si vivimos, vivimos para el Señor, y si morimos, morimos para el Señor: tanto en la vida como en la muerte, pertenecemos al Señor.* [9] *Porque Cristo murió y volvió a la vida para ser Señor de los vivos y de los muertos.*

Somos de su propiedad y si vivimos para El, por medio de su Misericordia, viviremos con El eternamente.

Recuerda la cita que ya mencione de San Lucas 12: 22 *Buscad más bien el Reino de Dios y su justicia, y esas cosas se os darán por añadidura.*

Tu padre Dios Quiere que lo tengas como a tu mejor amigo y quiere que lo trates como si fueras su hijo(a) fiel. Esta fidelidad y confianza en Dios se construye día a día, buscándolo por medio de oración, que es la mejor forma de comunicarnos con El.

Esta relación de amor alcanza su más alto grado de unión durante la divina Eucaristía, en la comunión y en la entrega generosa, durante la adoración Eucarística.

Recuerda tener un buen plan de vida espiritual, ordenado y generoso, para vivir durante el día, muchos pequeños momentos de comunicacion con Dios.

Inicia con el ofrecimiento de las obras del día, participa en la Misa diaria, reza el santo rosario, la coronilla de la Misericordia, el Ángelus, haz por lo menos, una visita al Santísimo, haz muchos pequeños ofrecimientos y actos de amor, dale la bendición a los hijos, bedice los alimentos, el trabajo y recuerda hacer el examen de conciencia durante la oración al acostarse.

16. SERVIR A DIOS Y HACER APOSTOLADO

Solamente quien conoce a Dios puede dar testimonio de Él, y quien lo ama, está convencido de su bondad, de su amor y de su generosidad. Por esto tiene la obligación de hablar de Él a boca llena y a todo el mundo, para así ayudar a extender su mensaje de amor y de paz.

Cuando tu estas convencido de algo o de alguien, tu das testimonio y tratas de convencer a los demás de la verdad que has conocido, que ahora es tu verdad.

De igual manera lo tenemos que hacer con la religión y con nuestro amor a Dios, contarle al mundo entero esa alegría, pues queremos que los demás la vivan y sean felices.

No se enciende una lámpara para ponerla debajo de la cama, se enciende para que dé luz e ilumine a los demás. Tú debes ser luz para tu prójimo. El apostolado es una deuda de honor para con Dios.

Y bien nos lo recuerda San Lucas 15: 10, *Les aseguro que, de la misma manera, se alegran los ángeles de Dios por un solo pecador que se convierte.*

Este es nuestro principal compromiso, trabajar para construir el Reino de Dios.

La felicidad se construye:

- Para ser feliz tengo que servir.
- Para servir tengo que amar.
- Para amar tango que olvidarme de mí mismo.
- Y para olvidarme de mí, tengo que conocer y buscar a Dios.

Preguntaras tú, y ¿qué relación tiene el apostolado con mis finanzas? Recuerda que nuestra vida es un todo unido por partes y si tu vida en el Espíritu está bien construida, lo demás se os dará por añadidura. Llegará a ti la paz, el amor, la prosperidad y la bendición de parte de Dios.

UNA ACTITUD POSITIVA FRENTE A LA VIDA:

El deseo de mi corazón y mi oración, buscan que todo aquel que lea este libro, encuentre una mejor vida, especialmente en su trato y en su relación con Dios.

A partir de hoy pídele a Dios para que te ayude a vivir una vida intima con El, amándolo y sirviendo al prójimo para su gloria.

Pon en orden tu economía según estos principios y nunca más te apegues al dinero como si fuera un fin, considéralo solamente como un bien material que te ayudara a vivir una vida acorde con la voluntad de Dios, para conseguir tu salvación eterna y la de los tuyos. Siempre ten presente la necesidad de tu prójimo y se generoso.

Graba en tu corazón este pensamiento: Tu resultado económico es consecuencia directa de tu estado espiritual, un buen católico no debería sufrir dificultades financieras. Aclaro también, no todo el que está bien en su economía, necesariamente está bien en su espiritualidad. Puede tener unas buenas finanzas pero vive triste y sin paz porque su relación con Dios es pobre o incluso nula. También el Señor permite muchas veces que pasemos momentos difíciles para que recapacitemos y corrijamos nuestra conducta y lo amemos con el corazón.

Y tampoco es correcto que quien está pasando por una dificultad financiera es porque Dios lo olvido, repito es necesario revisar nuestra vida de intimidad con el Señor. Confiésate y pídele luces y dirección para poner tu vida en armonía con el Orden Divino. Esta será la mejor forma de poner tu economía en orden y así podrás vivir TU ECONOMÍA A AL ALUZ DE DIOS

Recuerda que jamás puedes ganar el dinero deshonestamente porque este, te llevaría a tu ruina. Como nos decía el beato Juan Pablo II, **"El mal, se destruye a si mismo"**

Busca con afán tu santificación y ayuda a otros a conseguir la vida eterna.

Siempre ten presente, que la felicidad que el ser humano busca con tanto afán, solamente la puede encontrar en la unidad e intimidad con su Creador. Es Dios quien satisface las necesidades y los más profundos deseos del corazón. Y cuando pierdas el camino verdadero, por tu soberbia y egoísmo, corre a buscar a Dios, (en el sacramento de la confesión) pues solamente en Él, encontraras la paz y la alegría de tu alma.

17. ORACIÓN DE LA PROSPERIDAD

Padre amoroso y bueno, te damos gracias por tu obra de Amor, de Misericordia y de Paz. Bendícenos abundantemente, ábrenos las ventanas del cielo y se fiel a tus promesas, llénanos con tu amor por que sin el nada somos, danos la sabiduría que asiste junto a ti, pues sin ella no te seremos agradables, danos un espíritu de piedad y de oración, el don de la caridad, del servicio y de la generosidad. Acrecienta nuestra Fe, bendícenos con el regalo de la prosperidad y que nunca falte lo necesario en nuestro hogar. Recibe de mi parte, TU DIEZMO como una ofrenda de amor agradable a Ti.

Amen.

Dios le pidió a Moisés, di a Aarón y a sus hijos que así bendijeran a los israelitas y con esta misma oración yo lo hago hoy para ti:

Está tomada, del libro de los Números 6,22:

Que el Señor te bendiga y te proteja.
Que el Señor haga brillar su rostro sobre ti y te muestre su gracia.
Que el Señor te descubra su rostro y te conceda la paz.
Que ellos invoquen mi Nombre dice el Señor, y yo los bendeciré.
En el nombre del Padre, en el nombre del Hijo, y en el nombre del Espíritu Santo, Amen.

ORACIÓN Y BENDICIÓN DE LA ECONOMÍA

Padre Bueno y Misericordioso Padre Amoroso y generoso, te pido perdón por todas las ofensas que he cometido contra Ti,

Te agradezco por los dones y las gracias espirituales que me has regalado.

También te quiero dar gracias por los regalos materiales que generosamente nos das para nuestro sustento.

Hoy de manera especial te ruego por la economía mundial, por la economía de mí país, la de mi ciudad, la de mi comunidad, la de mi familia, la de todas aquellas personas que sufren y las que rezan a diario esta oración.

Regálanos Señor, libertad financiera y ayúdanos a pagar todas nuestras deudas, danos prosperidad material, estabilidad financiera y sabiduría para saberla administrar.

Señor, dame un Corazón generoso para compartir con mi prójimo, en especial en los momentos de abundancia.

Te quiero pedir especialmente por riqueza espiritual y por el cuidado de mi Alma y de mi espiritualidad.

Tu dijiste con tu palabra: ***"Todo lo que pidas al padre en mi nombre, os lo concederá"*** yo hoy me apropio de tu palabra y de tu promesa y te ruego que en el santo nombre de tu Hijo nuestro Señor Jesucristo, por los méritos de su Infancia y por el divino poder del Espíritu Santo, me concedas el favor que hoy te pido:...

Jesús, José y María sean mi compañía.
Jesús, José y María bendigan toda mi vida.
Jesús, José y María protejan mi economía.
Amén.

Terminar con, 1 Padrenuestro, 3 ave Marías y 1 Gloria al Padre.

DEL AUTOR

Luis Guillermo Vélez Toro, nacido en la ciudad de Medellín, Colombia, en el año 1963, de una familia profundamente católica, mis padres, Jairo Vélez y María Elena Toro, y mis dos hermanos: Beatriz Elena y Carlos Alberto.

Estudie la primaria y parte de la secundaria en el Gimnasio Los Alcázares, colegio católico del Opus Dei, en donde aprendí a conocer, amar y servir a Dios, de una forma muy clara y estructurada. Fue en este colegio donde recibí mi primera Comunión y mi confirmación. Luego pase al colegio San José de los hermanos Lasallistas donde continúe mi formación académica y mi formación en la Fe.

Al terminar mi estudio de bachillerato fui a prestar servicio militar obligatorio en el Batallón Guardia Presidencial, en Bogotá, Colombia. De esta experiencia aprendí a vivir la disciplina militar, el orden y el amor a mi patria.

Inicie mi carrera de Ingeniería Mecánica en la Universidad Pontificia Bolivariana y luego termine mis estudios en la universidad Eafit. Años más tarde tome un postgrado en Mercadeo empresarial, también en la universidad Eafit.

Me case en el año 1997 por la Iglesia Católica, con mi esposa Verónica Ramírez y ahora tenemos 3 hijos: Valentina, Nicolás y

Laura, ellos son la más grande bendición que Dios nos ha dado y es por ellos que nos esforzamos en estudiar y en prepararnos, porque los queremos formar con verdaderos principios morales y espirituales.

Inmigramos a Estados Unidos en el año 1999 después de vivir dificultades financieras, consecuencia de una crisis económica en nuestra nación.

Como inmigrantes tuvimos que vivir todas las dificultades por las que pasan las personas, cuando no tienen los documentos en regla ni el idioma adecuado para trabajar en esta gran nación. Estados Unidos.

Dios nos ha proveído de todo lo necesario a pesar de muchas dificultades.

Fue en el año 1993 cuando Dios nos dio la oportunidad de tener una compañía para poder trabajar independientes y creo que realmente desde ese tiempo todo tomo orden. Cuando empecé a trabajar para mí empresa, le pedí a Dios que me diera la oportunidad de ir diario a la Misa y así lo hizo. Con este nuevo regalo todo cobro valor y nuestra vida encontró un verdadero sentido de vida espiritual. Creo firmemente y lo proclamo a los cuatro vientos, que fue Jesús Eucaristía quien me dio la oportunidad de vivir una vida plena con El.

Esto lo cuento como un testimonio de vida y creo que todo aquel que sabiamente entienda el valor de la Eucaristía y la ponga en práctica, podrá comprobar que es una verdad absoluta.

He colaborado en varios ministerios en mi Iglesia Holly Cross en Orlando Fl. y estos me han permitido servir a Dios con Mucho amor. He participado en el ministerio de lectores, el ministerio de la adoración Eucarística, he sido monaguillo en las Misas de la mañana por más de 9 años, y como un regalo de Dios he sido coordinador del ministerio de Emaús por más de 5 años. También he participado activamente en el ministerio Crown, un curso de finanzas bíblico.

Hago mención de gratitud al padre Vidal Arboleda, un hombre de Dios, quien ha sido mi director espiritual desde que llegamos a Estados Unidos de Norte América. Debo a la gracia de Dios y al padre Vidal el haber podido caminar por la senda de la verdad y con su ayuda he podido superar muchos peligros y corregir otros tantos errores.

Espero poder seguir sirviendo a Dios y también deseo seguir dando testimonio al mundo de la grandeza y la generosidad de mi buen Dios. Solo pienso, que sería del mundo si todos fuéramos diario a la divina Eucaristía, tal vez, estaríamos ya en el Cielo

TODO EL HONOR Y LA GLORIA SEAN DADOS A DIOS NUESTRO PADRE Y SEÑOR, A SU HIJO JESUCRISTO NUESTRO REDENTOR Y AL ESPIRITU SANTIFICADOR.

"Soy un simple servidor de Dios, y tan solo he cumplido con mi deber"

Luis Guillermo Vélez Toro

www.ingramcontent.com/pod-product-compliance
Lightning Source LLC
Chambersburg PA
CBHW022124170526
45157CB00004B/1740

*9 7 8 1 4 6 3 3 4 2 8 5 2 *